**Género** Fantasía

I0902696

**Pregunta esencial**

**¿Por qué es mejor trabajar en equipo para resolver problemas?**

# El pastel más rico del mundo

Miguel Ísola

ilustrado por Natalia Colombo

## Capítulo 1

# ¡Las fresas no aparecen!

—Mi nombre es Teresa —dice la mujer—. Espero que les interese mi historia. Se trata de un pastel de fresas.

Teresa va por el bosque cantando y buscando las fresas que necesita para cocinar el pastel.

—¿Dónde están las fresas? —pregunta—. No sé qué pasa, pero justo ahora que las busco... ¡no están!

—¿Encontraré a alguien aquí en el bosque que me pueda ayudar? —dice Teresa—. ¡Necesito encontrar fresas para mi pastel!

—Yo te ayudaré —dice un zorrillo—. Dame la canasta y espérame aquí un momento, ya verás...

El pequeño zorrillo se pierde en el bosque. Después de un rato, vuelve con la canasta repleta de fresas.

—¡Oh, muchas gracias, zorrillo! —exclama Teresa—. Mañana a la mañana haré un desayuno. Estás invitado.

Teresa ya tiene sus fresas, así que se vuelve a casa a cocinar el pastel.

## Capítulo 2

# ¡Justo ahora!

Teresa ya está en su casa. Prepara con cuidado sus utensilios de cocina. De pronto, exclama:

—¡Justo ahora me quedo sin leche ni huevos!

Teresa sale de nuevo al bosque:

—¿Hay alguien que me ayude en este prado? ¡Me he quedado sin leche para mi pastel!

De pronto, se escucha la voz de un potrillo:

—Ven, Teresa, yo te ayudaré. Sígueme por aquí.

Van juntos a través del bosque hasta que llegan a un arroyo.

—Aunque no tengo escamas de pez, puedo nadar. ¡Súbete, Teresa! —dice el potrillo.

Cruzan el arroyo y llegan hasta un claro donde hay una vaca comiendo ricos pastos.

—Amiga vaca, Teresa necesita un poco de tu blanca leche —dice el potrillo.

—¡A mi amiga Teresa le daré con gusto toda la leche que necesite! —responde la vaca.

Teresa, con mucha destreza, ordeña a la vaca. Cuando ha terminado, dice muy contenta:

—Gracias por su cooperación, amigos. Vengan mañana a desayunar conmigo. Haré un gran pastel y les daré una porción deliciosa como agradecimiento.

Teresa prosigue su camino y comienza a trepar un barranco:

—Teresa, déjame ayudarte —dice de pronto un burro.

Trepan juntos hasta un gallinero. En la ventana asoma la cresta de una gallina. Parece una aleta roja.

—A ti, amiga Teresa, te daré todos los huevos que quieras —cacarea la gallina Delfina.

—¡Gracias, muchas gracias, amiga gallina! —exclama Teresa—. Los espero mañana para el desayuno. Me he comprometido a hacer mi pastel de fresas.

**Detective del lenguaje**

**La palabra Delfina, ¿es un sustantivo común o un sustantivo propio? ¿Cómo lo sabes?**

## Capítulo 3

# Muchos nietos y pocas nueces

Al llegar a su casa, Teresa recuerda algo más que quisiera agregar.

—Las nueces mejorarían mucho mi pastel —reflexiona Teresa.

Sale de su casa, y va preguntando dónde hay un nogal.

—Ven por aquí, querida cocinera, yo sé dónde hay nueces —dice una ardilla desde su escondite.

La ardilla encuentra un nogal con mucha rapidez. Desde arriba del árbol, arroja nueces a la canasta vacía... hasta dejarla llena.

—¡Gracias, ardilla trepadora! ¡Te espero mañana por la mañana para el desayuno!

—Ahora sí puedo cocinar. ¡Finalmente, tengo todo! —dice Teresa cuando llega a su casa.

Entonces comienza a unir fresas, leche, huevos y nueces.

—Todo tiene un orden que no hay que cambiar. Primero, segundo, tercero, no debo enredarme —canta Teresa—. Romper, volcar, mezclar, batir, ¡qué lindo es cocinar!

Después de un momento, se comienzan a oír unas voces:

—¡Están llegando mis nietos!

Uno, dos, tres... y sigue la cuenta sin parar. ¡Los nietos son muchos!

Los nietos de Teresa vienen a verla todas las semanas. Comen su rica comida y charlan con ella.

—¿Hay algo más rico que la comida de la abuela? —pregunta uno de los nietos.

**Detective del lenguaje**

**La palabra nietos, ¿es un sustantivo común o un sustantivo propio? ¿Cómo lo sabes?**

## Capítulo 4

# Trabajo y mesa compartidos

—¡Me alegra mucho que estén en casa, nietos amados! —dice Teresa.

—¡Te queremos! —exclaman todos a las vez.

—Hoy vienen a desayunar muchos invitados —agrega Teresa—. Estoy preparando un pastel de fresas. ¡Pero somos demasiados para comer y necesito más ingredientes! Será mejor que vayamos al bosque a buscar más...

Y allá van Teresa y los nietos, otra vez al bosque...

—Mira, abuela, mira, trajimos muchas cosas... y todo gracias a los animales —dice una de las nietas—. Podrás cocinar un pastel enorme.

Se va haciendo la hora del desayuno y todos se ponen manos a la obra.

—Yo bato, él pica, tú pon leche fresca —dice Teresa—. ¡Todos juntos hacemos que este pastel crezca!

—Pondremos una linda mesa —dicen algunos de los nietos.

—Nosotros iremos a buscar a los animales —dicen los otros nietos.

—¡A comer, a comer! ¿Quién no está sentado? —pregunta Teresa.

—¡Qué hermoso pastel! —exclaman todos.

Teresa corta suculentas porciones. Cuando todos aprueban su pastel, se pone muy contenta.

—Quiero decir algo —dice desde la punta de la mesa—. Cuando veo a mis nietos y amigos contentos, me siento feliz y pienso que juntos lo hicimos posible. ¡Gracias por venir! ¡Ustedes son el pastel más rico del mundo!

—¡Gracias a ti, Teresa! —dicen todos—. ¡Este pastel de fresas está delicioso!

# Respuesta a la lectura

## Resumir

Usa detalles del cuento para resumir *El pastel más rico del mundo*. Usa el organizador gráfico como ayuda.

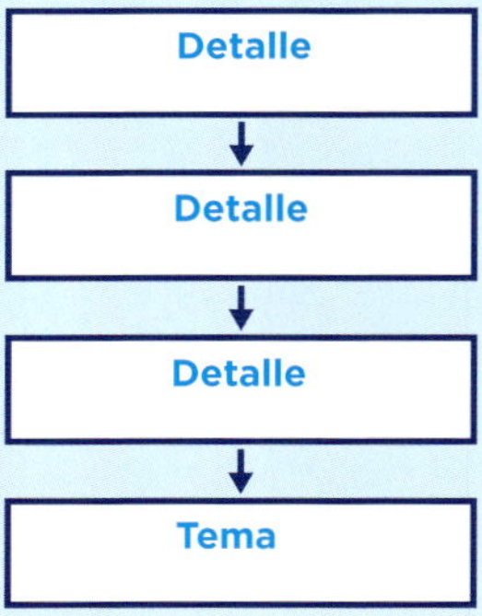


## Evidencia en el texto

1. Este cuento es de fantasía. ¿Cómo te das cuenta? **GÉNERO**

2. ¿Cuál es el tema principal del cuento? **TEMA**

3. En la página 8, ¿cuál es el antónimo de la palabra *vacía*? **ANTÓNIMOS**

4. Escribe acerca de los detalles que usa el autor para ayudarte a descubrir el tema. **ESCRIBIR SOBRE LA LECTURA**

**Género** Texto expositivo

## Compara los textos

Lee sobre adolescentes que trabajan juntos para resolver problemas.

# Raíces Urbanas

¿Cuál es tu fruta o verdura favorita? Raíces Urbanas es un grupo de adolescentes de Austin, Texas, que saben cómo cultivar alimentos saludables. Este grupo ayuda a manejar una huerta de 3.5 acres en las afueras de la ciudad. Cultivan tomates, calabazas, melones, berenjenas, frijoles y muchas otras verduras. También cultivan frutas y flores. Cada año, producen aproximadamente 30,000 libras de alimentos.

**Estos jóvenes de Raíces Urbanas están cosechando remolachas para vender en el mercado local de agricultores.**

Los miembros de Raíces Urbanas (Urban Roots) ayudan a resolver un problema de la comunidad. Algunos habitantes de Austin tienen poco dinero. En algunos barrios no hay muchos lugares para comprar frutas y verduras frescas. Raíces Urbanas vende los alimentos que cultivan en el mercado local de agricultores. Además, regalan parte de lo que producen en lugares que dan los alimentos a gente necesitada, como bancos de alimentos, comedores populares y Meals on Wheels (comidas sobre ruedas).

El trabajo en equipo es importante. La huerta necesita de la colaboración de todos para funcionar. También se divierten. Todos los años organizan un Festival Agrícola en la huerta. Los eventos incluyen probar pimientos y lanzar tomates podridos. Raíces Urbanas es un modo estupendo de que los adolescentes participen en algo divertido y útil.

**Adolescentes de Raíces Urbanas preparan la comida que servirán.**

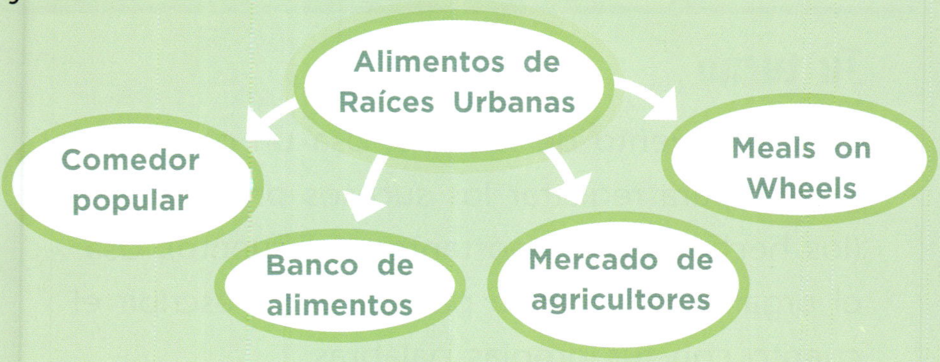


## Haz conexiones

¿Cómo trabajan juntos los adolescentes de Raíces Urbanas para resolver problemas? **PREGUNTA ESENCIAL**

¿En qué se parecen los trabajos en equipo de los personajes de *El pastel más rico del mundo* y de los adolescentes de *Raíces Urbanas*? **EL TEXTO Y OTROS TEXTOS**

## Enfoque: Género

**Fantasía** Un cuento de fantasía incluye personajes, ambientes u otros elementos imaginarios que no existen en la vida real. En los cuentos de fantasía, los animales pueden hablar y los sucesos ocurren en lugares imaginarios.

**Lee y descubre** *El pastel más rico del mundo* es un cuento de fantasía. El autor enseña que es más fácil resolver un problema si trabajamos en equipo. La ayuda y el esfuerzo de todos facilitan la tarea.

### Tu turno

Elige un cuento de fantasía. Usa un organizador gráfico para registrar los sucesos principales (los hechos más importantes del cuento). Usa el organizador gráfico para volver a escribir el cuento con tus propias palabras.